TROPFEN

EIN

TROPFEN

DER

AUS

CIRRENHÖHE

AUF

EINE

OFFENE

SEELE

FÄLLT

SPRITZT ANTWORT ZURÜCK

HERTALDIS OFFERMANN

TROPFEN

Bibliografische Information der Deutschen Nationalbibliothek:
Die Deutsche Nationalbibliothek verzeichnet diese Publikation
in der Deutschen Nationalbibliografie, detaillierte bibliografische
Daten sind im Internet über http://dnb.dnb.de abrufbar.

© 2016 Hertaldis Offermann

Herausgeber und Gestaltung: Ralf Höpfner

>¡< Markenfeuer Hamburg (hoepfner@markenfeuer.de)

Herstellung und Verlag:

BoD – Books on Demand, Norderstedt

ISBN: 978-3-7412-2783-7

TROPFEN !!!

TAU

REGEN

SCHNEE

GETAUTES EIS

TRÄNEN

SCHWEISS

BLUT

HILFE:

ES DARF NACH GEHEIMEN ABSICHTEN

GESUCHT WERDEN

WIE DER TROPFEN AUCH UNTER DER

AUFTREFFENDEN OBERFLÄCHE

WIRKUNGEN HERVORRUFT

EIN TROPFEN DER AUS CIRRENHÖHE
AUF EINE OFFENE SEELE FÄLLT
SPRITZT ANTWORT ZURÜCK

WER DEM VERPASSTEN
HECHELND HINTERHERLÄUFT
VERWEIGERT SICH STETS DEM IST

GEGENWART MIT SEELE GELEBT
BETRÜGT SICH NICHT MIT FALSCHER
HOFFNUNG

LIEBE IST A PRIORI EIFERSÜCHTIG
DAS WISSEN UM BEGRENZTES MASS
DER „ZURÜCKZUWENDUNGSFÜLLE"
BANGT UM EIGENE ANTEILE

FÜR WIRKLICHKEIT KÖNNEN WIR NUR
DAS SPIEGELBILD UNSERER SELEKTIVEN
TEILWAHRNEHMUNG HALTEN

AN DER WIRKLICHKEIT
SICH ZU ORIENTIEREN HEISST
EINEM HORIZONTALABHÄNGIGEN
ANTEIL
DIE MACHT EINZURÄUMEN

DIE ALTEN WISSEN IMMER NOCH MEHR
WAS SIE MACHEN KÖNNEN
UM SICH ZU SCHONEN

„MAN KANN SEIN GEHIRN NICHT SO
AUSEINANDERSPREIZEN"   I.H.

ICH SPIELE NICHT GOTT --- ICH LASSE ZU!

MANCHER
DEN MAN LÄNGER NICHT GESEHEN
DRÄNGT SICH PENETRANT IN DEN SINN

HAST DU ÜBERFÄLLIGES NACHGEHOLT
BLEIBT OFT AUS ERHOFFTER GEWINN

BIETET SICH EIN PFERDEMAUL DIR
WILLIG ZUM LIEBKOSEN
VERGISST DU SOFORT
ALLE VERGANGENHEIT UND ZUKUNFT

STAUNEN LÖST ERLEBEN
AUS DER ZEITDIMENSION

GELASSENHEIT DARF GEFÜHLE WICHTEN
ABER NICHT AUSSCHLIESSEN

JE GRÖSSER
DAS DICH UMGEBENDE VAKUUM
UMSO UNSINNIGER
ALLES EIGENE MÜHEN

DIE EINKEHR IN DEN BRUNNEN DES ICH´S
WIRD ZUR ABKEHR VON ALLER NEUGIER
AUF DU´S

VON GLAUBE UND HOFFNUNG
WIRD KEINER SATT
NUR DURCH MÜHEN
WIRD NAHRUNG ERRUNGEN
DIE DURCH TEILEN
ZUM ZEICHEN DER LIEBE WIRD

SAG MIR AUF WEN DU DICH FREUST
UND ICH SAGE DIR
WIE WÄHLERISCH DU BIST

VERSCHWENDE KEINE ENERGIE
AN UNVERMEIDLICHES
ABER GENIESSE L U S T V O L L
ALLES MÖGLICHE

Berlin 26.9.2015 bis 8.10.2015
Hertaldis Offermann

PRÄAMBEL FÜR DIE NÄCHSTEN 302

ANGEREGT
DURCH DIE „UNFRISIERTEN GEDANKEN"
VON JERZY LEC
WURDE AUS KURZERGÄNZUNGEN
DER ANTRIEB ZU JEDEM GEDANKEN
EINE EIGENE „FRISIERTE FORM"
ZU FINDEN

EIN WORT LEBT LÄNGER
ALS JEDER TYRANN

EIN VOLK FOLGT LACHEND
DER DUMMHEIT BIS IN DEN TOD

DIE LUST STEUERT DEN KONSUM
HOFFNUNGSVOLLER ERWARTUNG

VERMEIDE IMMER ZU KOPIEREN
DENN ES IST EIN ANDERER MENSCH
WIE EIN ANDERES VOLK

JUGEND
KANN SICH NUR DIE ZUKUNFT ANEIGNEN
WENN SIE ALT GENUG WIRD

ZEIT IST KEINE HEFE

DOKUMENTE BEZEUGEN NUR
DASS DAS ABBILD MIT DEM VORZEIGER
SCHEINBAR ÜBEREINSTIMMT

DEM KRITZLER BEDEUTEN SEINE
GRAPHEN WAS ANDERES
ALS DEM BETRACHTER
SCHREIBEN WILL ER NICHT

JEDE IDEOLOGIE
BEDINGT MACHTSTRUKTUREN
UM SIE ZU VERBREITEN

JEDE GESELLSCHAFTSGRUPPE
VERMITTELT IHRE LEBENSREGELN
THEORETISCH
WER NICHT FÄHIG IST SIE ZU VERSTEHEN
WIRD SIE KÖRPERLICH ERFAHREN

WER SICH IN PARTEIEN VERSTECKT
WILL IMMER
SEIN VERMEINTLICHES RECHT
DURCH ANDERE VERTRETEN WISSEN

VORSTELLUNGEN UND TRÄUME
ENTFÜHREN AUS DEM IST
SCHNÖDER HUNGER HOLT ZURÜCK

EINFACHE SPRACHE
ALS MEINE OBERSTE MAXIME
BRACHTE MIR BEI
AUF REICHTUM ZU VERZICHTEN

NEU SIND NUR DIE BORSTEN
EINES BESENS
ES KOMMT DARAUF AN
WER IHN WO WIE SCHWINGT

GLÜCK IST WEDER AUSZUSCHLIESSEN
NOCH EINZUSCHLIESSEN

SCHIENEN VERHINDERN KREATIVITÄT
FLEXIBLES REAGIEREN
UND ERKUNDEN ENTLANG DER TRASSE
IST UNMÖGLICH

KEIN VERKEHRSMITTEL
IST SCHNELLER ALS DAS INTERNET
DOCH ZERSTREUT DIE VIELFALT
OFT NÄHERE ZIELE
UND DAS ANGESTREBTE
WIRD VIELLEICHT NIEMALS ERREICHT

POLITPODIUM HEISST
PER AUFTRAG
SICH SELBST BEIFALL ZU KLATSCHEN

PLANWIRTSCHAFT HOLT UNS DANN
WIEDER EIN WENN STERBEN DURCH
NICHT BEZAHLBARE BEHANDLUNGEN
VORHERSAGBAR WIRD

GENÜGEND SALZ IM WASSER
FÜHRT ZU GESÄTTIGTER LÖSUNG
NUR KANN SIE NIEMAND MEHR
GENIESSEN

ALLE POLITIK SERVIERT ALS WAHRHEIT
WAS WACKELIGEN GRUND
SCHEINBAR STABILISIERT

VERMEIDET EIN GANZES VOLK
UNERWÜNSCHTE WÖRTER
VERARMT NICHT NUR DIE SPRACHE
SONDERN AUCH PHANTASIE
DIE IHRER BEDARF

DAS HERZ SCHLÄGT SCHNELLER
WENN ES GEGEN DIE VERNUNFT KÄMPFT

IN HERDEN ZU TROTTEN
FORDERT KEINEN MUT
NUR DESHALB
ERFANDEN DIE MENSCHEN
HINTERLISTIGE KAMPFMITTEL

VERSCHLIESSENDE AUSSENMAUERN
ZWINGEN
NACH MÖGLICHEM INNEN-LEBEN
ZU SUCHEN

POLITIK
IST NUN MAL DIE HÖFLICHSTE ART
ZU LÜGEN IM IST
MORGEN GILT EINE ANDERE LÜGE

LEERE WORTHÜLSEN
ERZEUGEN RAUSCHEN
UND STÖREN ZWISCHENTÖNE
IN BEDEUTUNGSVOLLEM

AN JEDEM STAAT
RÜTTELN KLUGE WORTE
DIE SICH GEGEN ERSTARREN RICHTEN

KEINE SPROSSE EINER LEITER
DULDET VERWEILEN
WEIL ANDERE AUF ODER ABSTREBEN

DAS SELBSTWER(T)GEFÜHL
EINES WORTBENUTZERS STEIGT
WENN ANDERE SICH DARAN STOSSEN

MASSEN SIND NUR ANSAMMLUNGEN
VON EINSAMEN
KOMMUNIKATIONISTEN MEIDEN
MASSEN

EIN WELTRAUM LENKT AB VON
DER ERDRÜCKENDEN SCHWERKRAFT
DER MÄCHTIGEN IM ERDENRAUM

DIE KUNST EINES VOLKES
IST DIE RESTSUPPE
DER LEBENSKÜNSTLER
VERGANGENER PERIODEN

INS LEBEN WIRD MAN GEWORFEN
OHNE EIGENEN WILLEN
AUS DEM LEBEN GEHEN MUSS MAN
OHNE EIGENEN WILLEN
DAS LEBEN ERTRAGEN KANN MAN NUR
MIT EIGENEM WILLEN

ES IST UNMÖGLICH
VORSÄTZLICH TIEF ZU SCHLAFEN
DAS GEHIRN SCHALTET SEINE KREISE
AUCH OHNE MEIN DARÜBER WISSEN

DER HALBGLASLEERSAGER
ERZEUGT BEI SEINESGLEICHEN LÄCHELN
EIN GEMEINSAMES LACHEN ÜBER DEN
HALBVOLLGLASSAGER

REGIERUNGSFORMEN ENTWICKELN SICH
IM VERHÄLTNIS ZUR ZEIT
MEIST ZUM GEHEIMNIS

DAS WORT PRIVATE BEDEUTET
„ABGESONDERT BERAUBT GETRENNT"
PRIVATUM DAS „EIGENE"
UNSERE SEHNSUCHT
MIT ALLEN VERBUNDEN ZU SEIN
HAT DURCH DAS INTERNET
ALLE STAATSENTEIGNUNGEN
ÜBERTROFFEN

ALLES IST IM FLUSS
UND FINDET NIEMALS
EINE VOLLENDUNG

DAS INNERE UNGEHEUER
IST GEFÄHRLICHER ALS JEDES ÄUSSERE

SATIRIKER BITTEN GOTT HÖCHSTENS
UM ZÜNDENDE IDEEN
FÜR PFEILE IHRER ZIELE

KÜNSTLERISCHE BEGABUNG
FÜHRT MEIST ZUM SCHWEIGEN
WEIL SIE SICH IN KUNSTWERKEN
ENTÄUSSERT

VIELE VERSUCHEN
KULTUR UNTER'S VOLK ZU BRINGEN
DOCH FLUCHTARTIG
SUCHT SIE DAS WEITE

„PROLETARIER ALLER LÄNDER
VEREINIGT EUCH!"
DAMIT WIR EUCH GEMEINSAM BESSER
EINSPERREN KÖNNEN

DAS ERLEBEN DER REALITÄT
HAT VON DER UTOPIE DES SOZIALISMUS
BEFREIT

NULLEN SIND STOLZ
AUF IHRE PROFILLOSE FORM

EIN ANKER KANN NUR VON NUTZEN SEIN
WENN DIE KETTE LANG GENUG IST

ALLES IST BERECHENBAR
NUR GEFÜHLE ENTZIEHEN SICH

UM POLITISCHE TRIEBKRÄFTE
ZU ENTLARVEN
MUSST DU SIE NUR
AN DIE MACHT LASSEN

HUMOR UND WITZ FÜTTERN NUR
GEMÜTER NICHT DEN KÖRPER

LÜGEN BRAUCHEN KEINE LANGEN BEINE
WEIL SIE DURCH UNS
WEITERGETRAGEN WERDEN

MÄRCHENERZÄHLER LÖSEN SICH
GEGENSEITIG AB UM DIE STIMMBÄNDER
ZU REGENERIEREN

ANTI GEGEN ANDERES IST
SO NATÜRLICH WIE PRO FÜR EIGENES

ORIGINALITÄT IST EINE EIGENSCHAFT
ÜBER DIE MAN VERFÜGT

JUGEND IST KEIN LEBENSZIEL
SONDERN DURCHGANGSPHASE

MENSCHEN SIND HOMUNKULI IM GEHIRN
KEINE IDEE
HAT DIE MACHT DAS ZU ÄNDERN

APHORISMEN SIND HOFFNUNGSTRÄGER
DASS DER LESER SIE VERSTEHT

ANMUT UND GRAZIE SIND ATTRIBUTE
FAST JEDER NATÜRLICHEN BEWEGUNG

FLACHE VERSPERREN DEN AUFRECHTEN
DIE FREIE BEWEGUNG

FREIHEIT MUSS SICH JEDER
IMMER WIEDER
FÜR SICH SELBST ERRINGEN

BRÜDER SCHAFFEN ES
AUCH OHNE SCHIERLING
SICH UMZUBRINGEN

SEHNEN SICH MENSCHEN
NACH FREMDBESTIMMUNG
SCHAFFEN SIE SICH IHRE TYRANNEN

ERST DER ÜBERFLUSS
ERSCHUF KOCHBÜCHER

MENSCHEN FÜHLEN IMMER
DIE VERSUCHUNG IN SICH
UND BRAUCHEN VERSTÄRKUNG
UM ZU WIDERSTEHEN

JEDER KÜNSTLER GLAUBT
SEINE REALITÄT DARZUSTELLEN

WAS SICH NICHT SELBST ORGANISIERT
WARTET AUF KRÄFTE VON AUSSEN

ZUKUNFTSTRÄUME WERDEN
VON DER REALITÄT BEGRABEN

TRAGÖDIEN ZU ERLEBEN
IST VORAUSSETZUNG FÜR REIFUNG

URSACHEN WERDEN DURCH FOLGEN
ZEITLICH ÜBERHOLT

JEDES MENSCHLICHE LEBEN
KOMMT ALS OFFENES SYSTEM
AUF DIE WELT

UMSCHMEICHELNDE LIST
ERSCHAFFT OFT GEFOLGSCHAFT

KULTURMINISTER BLEIBEN IMMER
„NO NAMES"

ALLES WAS INS REZEPT PASST
KOMMT IN DIE SUPPE
EDEL ODER „VERDORBEN"
IST UNWICHTIG

URVERTRAUEN MISCHT SICH
OFT GEGEN UNSEREN WILLEN
INS MITEINANDER

LOGISCH DENKEN UND HANDELN
FUSST AUF BIOLOGISCHER EXISTENZ
GESCHRIEBENES WORT ALLERDINGS
KANN SIE ÜBERDAUERN

ÜBERBAU
BEDINGT IMMER UMBAU DER BASIS
AUFBAU
MUSS VON DER BASIS AUSGEHEN
UND ABBAU
SOLLTE SIE STÄNDIG ANSTREBEN

NUR WER SICH FALSCHE ZIELE SETZT
WARTET AUF WUNDER

VERSE MÜSSEN
AUF EMPFINDSAME SEELEN TREFFEN
DANN RITT DER DICHTER
ZU PEGASUSSTUTEN

TRÄNEN LÖSCHEN NUR DAS BRENNEN
DES SELBSTMITLEIDS

HERZSCHLÄGE
WERDEN IN SEKUNDEN GEMESSEN
ZEIT
AN DER EXISTENZ DER WELT

DEM STIER FEHLT IN DER CORRIDA
EIN EBENBÜRTIGER EHRLICHER GEGNER

POLITISCHE VERGEWALTIGUNG
BIS ZUR AUSROTTUNG
ANDERS DENKENDER
IST TOTALITARISMUS

AUFKLÄRUNG
KANN ERFAHRUNG NICHT ERSETZEN

IM UNTERGRUND
MÜSSEN VORAUSSETZUNGEN
FÜR BEMERKENSWERTE
HOHE POLITISCHE IDEEN
SICH VORBEREITEN

GEGNER
SIND NICHT SO GEFÄHRLICH WIE FEINDE

ZUERST KEHREN GEDANKEN
IN DAS GASTHAUS DES GEISTES EIN
SPITZEL MÜSSEN SICH VON BROSAMEN
ERNÄHREN

WENN EIN LAND
VON „FREUNDEN" BESETZT IST
WIRD DER PROPHET
ZUM RETTUNGSANKER

DER UNTERSCHIED
ZWISCHEN DICHTERN UND SCHWÄTZERN
IST DAS GEWICHT EINZELNER WORTE

JE LÄNGER EIN SCHWEIGEN
JE INTENSIVER IST DIE
GEFÜHLTE BEDROHUNG

WOLLTEN WIR BESTIEN SPEISEN
WÜRDEN WIR MANGELS MUTES
VERHUNGERN

REGIERUNGEN VERSUCHEN
UNS AUSZUREDEN
DASS WIR AUF ÄSTEN SITZEN
AN DIE WIR UNS
NICHT ANPASSEN WOLLEN

WAS HABEN LEBEWESEN
NUR ALLES GESTAMMELT
BEVOR SIE GOTT DIE SCHULD
FÜR IHR DASEIN ZUSCHIEBEN KONNTEN

DIE BIOGRAFISCHE FORMATIERUNG
DES MENSCHENLEBENS
BLEIBT ÜBERSCHREIBBAR
DAS TEMPO UNSERER ZEIT LÖSCHT OFT
UND FORMATIERT ZU WENIG
WIR WERDEN GELEBT

GEFÜHLE UND GEDANKEN STERBEN IM
DASEIN DAUERND
DAS ÜBT FÜR DEN BIOLOGISCHEN TOD

DIE KRONE EINES KÖNIGS
IST KEIN ARBEITSERGEBNIS

———————————————

DER GESUNDE GEIST IST UNFÄHIG
SICH SELBST ZU BEFRIEDIGEN

———————————————

HANDELN TRÄGT DIE VERANTWORTUNG
ALS GEWAND

———————————————

STAATSBÜRGER KÖNNEN ZWAR
OHNE KUNST LEBEN
ABER NICHT OHNE DENKSCHIENEN

———————————————

DER GLAUBE AN PERSÖNLICHE
UNABHÄNGIGKEIT
IST DER GRÖSSTE SELBSTBETRUG

OB AUS BÄUMEN
SCHEITERHAUFEN ODER PAPIER
ÄNDERT NICHTS AM TÄGLICHEN TÖTEN
ANDERSDENKENDER IN DER WELT

WIE WAHR LÜGEN SIND
SPÜRT DER
DER AUF SIE REINGEFALLEN

WELCHE RICHTER EIN STAAT BERUFT
WIRD ZUM ZEICHEN SEINER ZUKUNFT

MANCHER LEBT IN FREIHEIT
UNFREIER
ALS IN GEFANGENSCHAFT

GLÜCK IST AN SEELE GEBUNDEN
NICHT AN RAUM UND ZEIT
IM GEGENSATZ ZUM STAAT
DER NUR DARIN EXISTIERT

WORTE UND SCHRIFTEN BEDROHEN
AM MEISTEN
DAS UNAUSGEREIFTE GEHIRN
DER ZENSOREN

DEM GENIE SCHIEBT MAN NOCH
SEINE HINRICHTUNG
ALS SELBSTVERSCHULDET ZU

WER AN DER REALITÄT KLEBT
KANN NICHT TRÄUMEN

NUR WER SPUREN HINTERLÄSST
DEN KANN MAN FINDEN

DER ENTHUSIAST
IST DER SCHWÄRMER
DER SATIRIKER
DER DEN ZUSAMMENHANG WERTET

GEGENSEITIGES BEDINGTSEIN
IST SCHON KONTAKT
TÄLER SIND OHNE BERGE
NICHT MÖGLICH

WORTE KÖNNEN DEN GEHALT
GANZER SÄTZE KOMPRIMIEREN

FREIHEIT AN SICH IST EINE PHANTASIE
SIE WIRD NUR IN
MEHR ODER WENIGER GELEBTEN
ABHÄNGIGKEITEN ERLEBBAR

JE MEHR SICH DAS AUGE AUF EIN DETAIL
FOCUSSIERT
JE MEHR ENTSPANNT ES SICH BEIM
PHANTASIEREN
EBENSO REAGIERT DAS DENKEN

PREISE SIND NUR EIN SPIEGEL
DER SELTENHEIT

KOPFLOSE STEHEN EBEN IMMER KOPF
WEIL SIE MIT DEM ALLERWERTESTEN
DENKEN

WAS ICH DENKE BESCHREIBT MICH

SCHÖN IST IMMER
DAS PAARUNGSZIELOBJEKT
NIEMALS DER FRESSFEIND
--- AUCH IDEELL

WER SICH SELBST
DER TRADITION ENTZIEHT
DARF NICHT
AUF SCHUTZMÄCHTE RECHNEN

DER PRAGMATISCHE OPTIMISMUS
IST UNSER PFLASTER IM SELBSTMITLEID

OFT HABEN RIESEN WENIGER VERSTAND
ALS ZWERGE

STAATEN ERSTICKEN
AN VERBRAUCHTER LUFT
WENN FENSTER UND TÜREN
NICHT GEÖFFNET WERDEN DÜRFEN

DER MENSCH IST DAS EINZIGE TIER
DAS DIE TECHNNIK
ZUR SELBSTVERNICHTUNG
ERFINDEN KANN

GERECHTIGKEIT IST
DURCH DAS „KEIT"
BETON VON GESTERN
IM IST GIBT ES NUR GERECHT   S E I N

GEDANKEN SIND NICHT
AN BESTIMMTE SPRACHEN GEBUNDEN
BEVOR SIE IN SPRACHEN AUFTAUCHEN
WAREN SIE EIN MEER VON GEFÜHLEN

STIMME
SOLLTE SICH ECHOWÄNDE SUCHEN
UM DEN HORIZONT ZU ERWEITERN

DIE NADELN DER ORDEN
SIND VERSPERRER
FÜR DEN DURCHBLICK

JE VERTROCKNETER DER ALLTAG
JE BLÜHENDER DIE WÜNSCHE

NACHBARN DER VERZWEIFLUNG
LAUFEN UM IHR LEBEN

PHANTASIEN WERDEN DURCH
DAUERNDE FREMDBESCHÄFTIGUNG
VERHÜTET

GENOSSEN GENOSSEN DAS GLEICHE GIFT
GENIESSEN SIE GEMEINSAM
DAS STERBEN

KREUZUNGEN MIT WEGWEISERN
VERHINDERN AUSREDEN

DIE SOGENANNTE GLÜCKSSUCHT
IST EIN STOLPERN VOM GESTERN
INS MORGEN

OB
DIE SEELE
DER KÖRPER
ODER DER GEIST ERGRIFFEN WERDEN
ÄNDERT IMMER
DEN NÄCHSTEN MOMENT
OFT AUCH DEN GELDBEUTELINHALT

IN EIN SELBSTBILDNIS
FLIESSEN IMMER WÜNSCHE EIN
DIE ES IDEALISIEREN
WIE EINE ENTBLÖSSUNG

───────────────────────────────

WER GLAUBEN SCHENKT
SICHERT SICH EINE BOJE IM MEER
DER VERANTWORTUNGSLOSIGKEIT

───────────────────────────────

WER EINEM EXEKUTIVORGAN
MACHT EINRÄUMT
IST STIEFELHALTER
DES KREBSTODES EINES STAATES

───────────────────────────────

GESCHICHTE IST
NUR DER ABLAUF
ALLER NOTWENDIGKEITEN

VON WEITEM IST FAST ALLES
WENIGER BEDROHLICH

WER SICH DIRIGIEREN LÄSST
BLEIBT IMMER IN FESSELN

WER NIEMALS AUFSTEHT
KANN SICH NIEMALS SETZEN

EXOTISCHE TIERE ALS SCHIMPFWORTE
WIRKEN SANFTER DURCH IHREN REIZ

GEFOLGSCHAFT IST KEIN GARANT
VON ZEUGUNGSKRAFT

IN DIKTATUREN IST GEDRUCKTER TEXT
OFT AUCH ZEUGNIS
VON DER DUMMHEIT DER ZENSOREN

EWIGKEIT IST
EIN GEISTIGES WUNSCHWORT

ALLE NEHMEN FÜR SICH DAS BESTE
UND LASSEN EUCH DEN REST

NARRENSCHELLEN
SOLLTEN IMMER STÖREN

VERHÜTUNG MÜSSTE PFAD DER
PREDIGER UND MORALISTEN SEIN

FREIWILLIGE LUST EINZELNER
MEHRT DIE ZAHL UNFREIWILLIG
SOZIAL VERNETZTER MENSCHEN

DER FREIWILLIGE STUMME
HAT SICH SELBST KASTRIERT

UMSONST IST NUR LUST UND FRUST

DEM ANSPRUCH AUF GRAUEN
WERDEN LEBENDIGE MENSCHEN
OFT MEHR GERECHT
ALS VOGELSCHEUCHEN

WELCHER GEDANKE GÜLTIG
ENTSCHEIDET IMMER DIE ZEIT

SO WIE MONOLITHEN SIND MONOLOGE
ERST EINZELN STEHFÄHIG
VERDIENEN SIE BEACHTUNG

ALLES NOCH NICHT ERLEBTE
BEKOMMT EINEN LORBEERKRANZ

NATURGEGEBENES HINZUNEHMEN
IST VORAUSSETZUNG FÜR LEBEN

JEDER KAMPF DIENT
EINER NEUEN TYRANNEI

NUR DER SELBSTMÖRDER
GEHT AUS DER WELT
ALLE ANDEREN WERDEN GETRAGEN

KLIMA IST MEHR ALS WETTER

VORTEIL UND NACHTEIL
WECHSELN STETS DIE SEITEN

OHNE GEISTIGES RAUSCHGIFT
IST DIE MENSCHLICHE LEBENSBATTERIE
DEFEKT

IRRTUM
IST EIN NOCH NICHT BEKANNTER
BLICKWINKEL

MENSCHENVERMEHRUNG
IST NUR IM DUNKELN ERLAUBT
PRÜDERIE
ALSO MEHR VOM LICHT ABHÄNGIG
ALS VOM KLIMA

GASFÖRMIG
ALSO FLÜCHTIG
IST JEDER GEDANKE
OHNE SPRACHE ODER SCHRIFT

RECHT KANN NUR GEFÜHLT WERDEN
DER UNTERSCHIED BESTEHT NUR
IM GEBEN ODER NEHMEN

MIMIK
IST DAS DERIVAT
INNERER UND ÄUSSERER ZWÄNGE

IMPORTIERTE WAHRHEITEN
WERDEN VERGRABEN
UND WARTEN AUF WERTSTEIGERUNG
DURCH ZEIT

AUCH BRÜCKEN VERMODERN
UND KÖNNEN RÜCKZUG
SEHR GEFÄHRDEN

NICHT ALLE SYNAPSENSTRÖME
LANDEN IM SPRACHKORTEX

DIE GRENZE MEINER FREIHEIT
WIRD DURCH MITMENSCHEN
IN JEDEM MOMENT BESTIMMT

GEPFLEGTES FEUER SCHAFFT
MÖGLICHKEITEN

GEDACHTES TRÄGT NUR FRÜCHTE
IN DER RICHTIGEN ZEIT

SATTE WERDEN VON HUNGRIGEN
IMMER BENEIDET

EINZELNE SIND NICHT DAS VOLK
ABER EINZELNE WÄHLEN
BEAUFTRAGTE VERKÄUFER
IHER HOFFNUNGEN UND WÜNSCHE

WER ZÖGERT HAT ANGST
VOR DEN FOLGEN
WER WARTEN KANN
SIEHT FOLGEN BEI HANDELNDEN

EXISTENZEN SIND IMMER NUR
ZUM EIGENEN ERHALT BEDROHLICH
AUSSER DIE MENSCHLICHE

ARM ODER REICH IST
EIN MESSBARER MATERIELLER ZUSTAND

KOMPLEXE
SOLLTEN BANKNOTEN ENTWICKELN

DIE DURCH BETRUG
DIE HÄNDE WECHSELN
ALLE BRÄUCHTEN PSYCHIATER

DER DRANG ZU ÜBERLEBEN
IST SKRUPELLOS

UNTREUE FINDET IN JEDER BINDUNG
STÖRENDES

FREUNDSCHAFTEN SIND ERGEBNIS
GEGENSEITIGEN BRAUCHENS
JEDER KANN SICH WEGENTWICKELN

IM UNTERGRUND
IST HANDELN WICHTIGER
ALS AUF DEN WIDERHALL DES GESANGS
ZU WARTEN

FRONTGEGENÜBER
PLATZEN AUS ANGST ODER AGGRESSION

KRITIKER
SIND DER SAMMELBEHÄLTER
EINES ANGENOMMENEN
MEINUNGSTRENDS

UNMÖGLICHES ZIEL IN DER GEGENWART
SICH AUS VERBRECHEN
HERAUSZUHALTEN

DAS LEBEN ERMÖGLICHT
KEINE HANDLUNGEN
DIE OHNE URSACHE SICH BEDINGEN

DAS WORT KOLLEKTIV
IST NUR DAS GESAMMELTE
SICH AUS DER
VERANTWORTUNG
STEHLEN

IDIOTEN WÄHNEN IHR ZWERGENGEHIRN
ALS UNERMESSLICHE GRÖSSE

IMMER WIEDERKEHRENDE ERFAHRUNG
SCHÄRFT DIE SINNE

WENN MODERGASE
DIE LUFT VERSEUCHEN
KANN KEINER MEHR
DAS BEGLEITENDE LICHT ÜBERLEBEN

DER BETRUG DES LEBENS HEISST
SCHURKEN SIND SCHNELLER IM LEITER
STEIGEN

FORTSCHRITT HEISST JA
VOM IST SCHNELL WEG!

DIE GESCHLECHTER
KÄMPFEN NIE GEGENEINANDER
NUR UNTEREINANDER

ALS SCHLACHTRUF ZUR VERTEIDIGUNG
KOLLEKTIVER SPINNEREIEN
MUSS EIN SLOGAN DIENEN

DER SADISMUS
IST MIT DEM MASOCHISMUS
EBENSO VERKNÜPFT
WIE MANN UND FRAU
KEINER KANN OHNE DEN ANDEREN

DIE HÜTER DER MORAL
LEIDEN AN ALZHEIMER

AUCH UNTER BESTIEN
GIBT ES VERFÜHRER
(NACHTIGALL ... ICK HÖR´ DIR ...)

IN DIKTATUREN DIE ZÄHNE ZU ZEIGEN
KANN GEFÄHRLICH SEIN
DESHALB IST OFT ÄUSSERES LÄCHELN
VERSTECKEN DER DROHGEBÄRDE

DER STAAT BIN AUCH ICH
UND SO GEHÖRE ICH MIR AUCH SELBST

NUR MENSCHEN HINTERLASSEN
KULTURSPUREN
WIR KOMMEN ABER OHNE JEDEN REST
AUF DIE WELT

WER GELEBT WIRD IST NICHT IN SICH

NUR DAS BESONDERE
ERKENNT DAS BESONDERE
AUCH IM MENSCHEN

JEDE STUNDE LEBEN
IST EINE MÜNZE AN DEN TOD

AUFSTIEG FÜTTERT
DIE ANGST DES FALLS

WORTE DES STAATES WERDEN
MIT DEM FREIHEITSPORTO FRANKIERT

STAAT IST AUS GEMEINSAM
INTERESSIERTEN ZU FÜHLEN
BILDEN DIE POLITIKER METASTASEN
SUBJEKTIVER BEGIERDE
IST DER KREBSTOD GARANTIERT

DIE SCHEINBARE ANZIEHUNG NACH
UNTEN IST DIE SCHEINBARE ANZIEHUNG
ZUR MASSE
ALSO ZUR MITTE ALLER GAUSSSCHEN
VERTEILUNGEN
(DIE ERDE IST RUND)

DER SODOMIT FÜHLT SICH
IM SCHULBUCH DER ZOOLOGIE EBEN
AUCH ABGEBILDET
GÖNNEN WIR IHM WENIGSTENS DIESEN
ENTWICKLUNGSSTAND

WENN AUCH DER HUFBESCHLAG
DEN FLUG DES PEGASUS BESCHWERT
SO TRÄGT ER DICHTER UND POETEN
BESSER DURCH SOGENANNTE
ASPHALTIERTE ZIVILISATIONSSTRASSEN

IRRTUM SCHLIESST
FREIHEIT DER ENTSCHEIDUNG AUS
UND DAMIT AUCH DIE
VERANTWORTUNG
ALS HANDLUNGSFOLGE

WENN SUMPF ÜBERWIEGT
MÜSSEN GRÄBEN GEZOGEN WERDEN
UM NEUES LEBEN ZU ERMÖGLICHEN

ERNSTE ABSICHTEN WERDEN DURCH
SATIREN BESSER VERBREITET

VERSCHLUNGENES SÄTTIGT WENIGER
ALS LANGSAM ERKAUTES

GEFANGENE KINDER SPIELEN FANGEN
UND BEWACHEN IM SPÄTEREN LEBEN
WEITER
SIE KENNEN NICHTS ANDERES

DER ZEITGEIST
IST DIE LUNTE ALLER POESIE
UND SCHRIFTSTELLEREI

ALLE GEDANKEN ENTSPRINGEN
BIOLOGISCHER LUST
OB MENSCHLICHER GEIST
VON IHNEN BEFRUCHTET WIRD
LIEGT IN KULTURELLER LUST

DER MENSCH WEHRT SICH SO
GEGEN SEINE AUFRECHTE NATUR
DASS ER NUR
DURCH HIMMEL UND HÖLLE
IN DER SENKRECHTEN GEHALTEN WIRD

STAATEN
LEGEN DIE GLEISE UND WEICHEN
FÜR SCHICKSALE

ALLE SYSTEME
SCHAFFEN SICH HANDLANGER
FÜR DIE DRECKSARBEIT

UM AM OHR DES VOLKES ZU LAUSCHEN
HÄLT SICH DER HOF DEN NARREN

ENTWICKLUNG IST AUFROLLEN
VON EINST GESPONNENEM
KULTURFADEN (TRADITION)

WERTVOLLES SOLLTE NUR MIT
WERTVOLLEM GEMISCHT WERDEN
(DER KLEINSTE GIFTPILZ TÖTET)

DIE MENGE DER PSYCHOPATHEN
IST ABHÄNGIG VON DER DEKADENZ
DER GESELLSCHAFT

JE GESÄTTIGTER
UM SO SALZIGER DIE LÖSUNG

KUNST IST WIE EINE STROHBLUME
SIE SCHMÜCKT ODER VERSTAUBT
OHNE BEACHTUNG

IN DIKTATUREN WIRD KUNST DURCHS
DORF GEJAGT VON ASTHMATIKERN

VERBRECHEN GEWINNT
DURCH GESELLSCHAFTLICHEN VERFALL
AN BEWUNDERERN

ZUHÖRER KÖNNTEN WENIGER
VERSTEHEN
ALS LAUSCHER ABSICHTLICH
VERDREHEN

JEDE FESSEL AUF DER WELT
LEGT EIN MENSCH EINEM ANDEREN AN

JEDE SUBSTANTIVIERUNG
MIT „KEIT" UND „HEIT"
DIENT NUR ALS SCHLACHTRUF

WER KEIN GEWISSEN HAT
LEBT OHNE LAST

AUSERWÄHLT IST GNADE
AUSGEWÄHLT IST PFLICHT

DER REALIST
BEWEGT DIE WAAGSCHALEN
OPTIMIST – PESSIMIST
INS GLEICHGEWICHT

NUR ÜBERÄNGSTLICHE FEIGLINGE
WERDEN ZU TYRANNEN

JEDER ARBEITNEHMER
WILLIGT IN SEIN ABHÄNGIGES
SKLAVENDASEIN EIN
--- FREI OHNE ESSEN --- TOD

GESPARTE MEINUNG IM INLAND
SIND DER REICHTUM DER DIKTATUR

NICHT MAL PRÄPARATIONEN KÖNNEN
GLEICHHEIT ERZEUGEN
NUR DER ZUSTAND TOD IST GEMEINSAM

FORM

IST EINE BEDINGUNG DER EXISTENZ

FORMELN

SIND NUR DIE SPRACHE DARÜBER

LEICHT ATMET NUR DER

DER GELEBT WIRD

UND DAS NICHT BEMERKT

DER GRÖSSTE TRUBEL

LÖSCHT KEINE HEIMLICHE SEHNSUCHT

OHNE IRGENDEINEN GLAUBEN IST DAS

KRÜMELDASEIN ZU ERDRÜCKEND

DER EINÄUGIGE BLINDE
IST WENIGSTENS UNTER BLINDEN
GLEICHBERECHTIGT

SELBSTGENÜGSAMKEIT DES GEISTES
IST DIE MEIST VERBREITETE
MENSCHLICHE EIGENSCHAFT

DER MENSCH HAT DIE GRUNDFÄHIGKEIT
OHNE HILFE ZU ÜBERLEBEN
VERLOREN (NESTHOCKER)
DIE GEBAUTE MASCHINE BLEIBT

IN DIKTATUREN SIND IMMER GITTER
ZWISCHEN ALLEM

DAS INNENLEBEN ALS PRIVATER SCHATZ
IST IMMER IN GEFAHR
GEDANKEN SIND FREIER ALS EIN VOGEL
WEIL KEIN NETZ SIE FANGEN KANN

DIE UNENDLICHKEIT DER LEERE
KANN EIN EINZELNER NICHT FASSEN

DER SÜHNE VERLANGENDE
IST VERANTWORTLICH
FÜR DADURCH ENTSTEHENDE
NEUE SCHULD

WENN AUGEN OHREN UND MÜNDER
AUS ANGST VERSCHLOSSEN
DANN WERDEN TATSACHEN
ZUM MYSTISCHEN EREIGNIS

AUCH DIE LÄNGSTE KETTE
KANN KEINE FREIHEIT ERSETZEN

PATHOS IST IMMER
DAS UNNÖTIGE ADDITIV
ZUM INHALT

NUR SELBST NICHT ZEUGUNGSFÄHIGE
WÜNSCHEN ANDEREN
DIE BESCHNEIDUNG
(KÖRPER UND GEIST)

DIE GEFÄLLIGSTE ART
VERSCHIEDENSTE HIRNGESPINNSTE
UNTERS VOLK ZU STREUEN
NENNT MAN POLITIK

SCHREIEN GEFÄNGNISWÄRTER
IHRE LEEREN WORTE LAUT GENUG
REAGIERT DAS EINGESPERRTE VOLK
OFT WIE DIE DREI CHINESISCHEN AFFEN

EIN WIRKLICHES IMPERIUM
KANN NUR VON MUTIGEN
STOLZEN BÜRGERN
GETRAGEN WERDEN

WICHTIGER ALS DIE QUELLE ZU SUCHEN
IST ES
DEN FLUSS VOM UNRAT ZU BEFREIEN

NUR IM TRAUM DARF DIE LÜGE
ZUM ERLAUBTEN IDEAL WERDEN

WAS ALS MÄR ERZÄHLT
IST NUR VERPACKTE WAHRHEIT

MÄRCHEN
UMMANTELN NUR DIE REALITÄT
WIE DER TEIG DIE WURSTPASTETE

GEGENWART SCHAUT MIT GEFÄRBTEN
BRILLEN IN DIE VERGANGENHEIT

FEINDE SIND SICH GEGENSEITIG
DER MÜLLBEUTEL EIGENER BOSHEITEN
DESHALB BLEIBEN SIE
ANEINANDERGEFESSELT
UM NICHT ZU ERSTICKEN

PERSÖNLICHE ERWARTUNGEN
ENTSPRECHEN NICHT IMMER
EINER RICHTIGEN LÖSUNG
DER VOLKSMUND SAGT
„ICH HABE MICH VERRECHNET"

KREATIVITÄT OHNE FLEISS
BLEIBT EINE UNNÜTZE BEGABUNG

IM EINSTIMMIGEN GESANG
WIRD DER FALSCHSÄNGER ZUM SOLIST

MORAL KANN MAN NICHT KAUFEN
UNMORAL SCHON

VERFAULTE MORAL WÄCHST NIE MEHR
AUF DEMSELBEN BODEN

DER SOZIALISMUS
HAT ENTPRIVATISIERT
DER CYBERISMUS
ENTMATERIALISIERT

ORGANISIEREN IST UNABWENDBAR
JEDOCH
WER WAS WIE WARUM FÜR WEN
KANN NUR DER WERTEPARAMETER SEIN

―――――――――――――――――

AUCH HAMLET
SPRICHT NUR FÜR SEIN   I C H
IN JEDEM   I C H   KLINGT HAMLETS
FRAGE ANDERS

―――――――――――――――――

DAS PASSWORT ZUM INNERN HEISST
REIFE
DIE MEISTEN FINDEN ES NIE

―――――――――――――――――

MIT DEM STROM SCHWIMMT
WER KEINEN WILLEN HAT

WORTE SIND
DIE DIAMANTEN DES MITEINANDER
MANCHMAL WERDEN DARAUS
BRILLIANTEN

HALTET FEINDE FERN
DAS MACHT SIE UNFRUCHTBAR

WER KEINE INNENSICHT
HOFFT AUF AUSSICHT

WAS DER GEIST
SICH NICHT VORSTELLEN KANN
MÜSSEN DIE HÄNDE VORFÜHREN

DAS ANGEBORENE LÄCHELN
WIRD IN MANCHEN GESELLSCHAFTEN
ZUR MASKE

UNBERECHENBARKEIT
IST IMMER DIE GRÖSSTE GEFAHR

MANCHE WEISHEIT DES EINEN
IST VERDERB EINES ANDEREN

NUR BOSHEIT TÖTET

GEDANKENLOSIGKEIT STAUT DEN FLUSS

(STAUT STÖRT HEMMT)

KÖPFE AUS ZEMENT

HABEN KEINE RUNDSICHT

ANGENEHMES WIRD BESSER BEZAHLT

EGAL OB FALSCH ODER WAHR

SÄRGE SIND NUR FÜR LEBENDE TOTE

HABEN KEINEN NUTZEN

WAS DEM MENSCHENFRESSER
NAHRHAFTES FUTTER WAR
KANN ER PREISEN

ZU VIEL
WIRD NIEMALS DURCH ZU WENIG
KORRIGIERT

DAS NADELÖHR
ZUM WISSENS-WACHSTUM
WIRD FÜR DIE MEISTEN MENSCHEN
ZU ENG

WEISSE FLECKEN DER LANDKARTEN
SIND INZWISCHEN VON
VERGIFTETER LUFT GEFÄRBT

KUNST IST ZU ZART BESAITET
ALS DASS SIE
UNRECHT ERSCHLAGEN KÖNNTE

MASOCHISTEN
SIND BEI FOLTER STANDHAFT
SIE WOLLEN JA WEITER
GEQUÄLT WERDEN

WENN MASOCHISTEN UNTER FOLTER
REDEN
ZEIGEN SIE IHREN SADISMUS
WEIL DER SCHERGE
ANLASS ZUM QUÄLEN
VERLIERT

DEN BAUCH KANN NUR FÜTTERN
WEN TRAUER NICHT VERZEHRT

DAS AUGE
KANN SICH IMMER NUR
AUF EINS KONZENTRIEREN
PAPIER VERSPERRT DEN DURCHBLICK

WENN ICH MICH KENNE
WEISS ICH UM ANDERE

GEDULD IST
VERSCHENKTE (VERGEUDETE) ZEIT

BÖSE FINDEN
IM TEUFEL
ENDLICH EINEN CHEF

LÄNGER LEBT
WER LANGSAMER WENIGER ISST

HERRSCHT GEWALT

SINGT MAN NUR LEISE VON FREIHEIT

WEDER LEICHENWAGEN

NOCH CABRIO

GARANTIERT DEN EINLASS

INS PARADIES

ERZÄHLTE TRÄUME

KANN MAN ZWEIMAL GENIESSEN

DAS GEFÜHL IST IM AUSLAND

EIN HILFREICHER DOLMETSCHER

EIN BUMMERANG IST
AUSDRUCK DER SEHNSUCHT
DASS ETWAS AUS DER FREIHEIT
ZU UNS ZURÜCKKEHRT
JEDOCH SIND WIR SELBST
DIE GESTALTER UND AKTIVIERER
UNSERER SEHNSÜCHTE

IM GETEILTEN DEUTSCHLAND
WURDEN SEELEN
VOLKSWIRTSCHAFTLICH VERWERTET
WENN DIE VERKÄUFER
DEN FREIHEITSKAUFPREIS KASSIERTEN

DAS SCHLAGEN DER UHREN QUÄLT
ALLES LEBEN DURCH VERKÜRZEN

SELBSTLAUTE SIND
DAS SKELETT MANCHER SPRACHE
WIE INDIVIDUALISTEN
DAS SALZ IM VOLK
MITLAUTE
SCHREIEN NACH KOMMANDOS

DER NATUR SIND REGIME EGAL
SOFERN SIE NUR MENSCHEN QUÄLEN

WER SCHÄTZE GEFUNDEN HAT
SOLLTE VOR NEIDERN SIE VERSTECKEN
ICH ZEIGE MICH GERADE DESHALB
MIT DIESER FRISUR

Hertaldis Offermann, den 28.10.2015

**AUSWAHL AUS GEDANKEN
JANUAR BIS OKTOBER 1999**

ABSTAND ZU KLEIN
ABSTAND ZU GROSS
STRESS
SEI EWIG AUF DER SUCHE
NACH DEM NOTWENDIGEN
„SICHERHEITSRAUM" DES ANDEREN
UND DAMIT DES EIGENEN

―――――――――――――――――――

DAS LEBEN ERSPARE MIR
DIE ERFAHRUNG
SOGENANNTER EMOTIONSFREIER
HANDLUNGEN ODER BEGEGNUNGEN

―――――――――――――――――――

GE(H)DICHT HERAN

AN DIE SEELE

AN DIE HOFFNUNG

AN DIE LIEBE

AN DIE ZUKUNFT

AN DIE FREUDE

AN DIE FREUNDE

AN DIE FEINDE

WENN BEIDE MENSCHEN FRAUEN SIND

EIN NICHT NORMALER FALL

DANN POTENTIERT SICH IHRE KRAFT

ALS GÄBS KEINEN SÜNDENFALL

WISSEN ERSTICKT HOFFNUNG
WISSEN SCHÜRT HOFFNUNG

DIE KRAFT
ETWAS ERSEHNTES
GELIEBTES
NICHT ZU TUN
ENTSPRICHT DER KRAFT
ETWAS VERWÜNSCHTES
GEHASSTES
ZU TUN

WEIL ICH SO BLEIBE WIE ICH BIN
SUCHT MANCH ANDERER DEN SINN

IST DIE SEELE ERST ERSCHÜTTERT
BRINGT SELBST DIE NACHT MIT SCHLAF
NICHT RUH
NUR EIN NEUER STURM WIRD GLÄTTEN
UND ALTE WOGEN DECKEN ZU

TROTZ STIMMBAND UND ZUNGE
KANN MANCHER NICHT SPRECHEN
WEIL MAUERN UND SCHLÖSSER
DEN LUFTSTROM VERSTELLT

ES IST EINE HOHE KULTUR
SICH NICHT
MIT DENEN GEMEIN ZU MACHEN
DIE UNS VERLETZEN

WIE OFT ERSCHEINT DAS SEIN SO TRIST
OBWOHL KEIN GRUND GEGEBEN IST
SCHON WENN SICH WÜNSCHE
NICHT ERFÜLLEN
DIE HOFFNUNG IRRE WEGE GEHT
KANN DAS DIE SEELE
SCHNELL VERSTIMMEN
UND DU BIST DIR NUR SELBST IM WEG

EMPATHIE VERLANGT AUCH
GEGENKRAFT
DAMIT DER SOG NICHT BEIDE SCHAFFT
SO IST DAS LEBEN AUCH AUS ZUCKER
UND JEDE TRÄNE LÖST ES AUF
DANACH DANN SCHMECKT MAN ERST
DIE SÜSSE
UND DAS NENNT MAN DEN LEBENSLAUF

GEMEINSAMES TUN IST EIN RISIKO
WEIL JEDER DRAN KÜHLT
GANZ ANDERE LÜSTE

STÜRMST DU MIT DEM HERZ EIN ZIEL
STELLT SICH SELTEN WAS DAZWISCHEN
HINDERNISSE DER SICH SCHAFFT
DER VON DEN ZIELEN IST ZERRISSEN

SPIEL IST   T U N   MIT GANZEM HERZEN
OHNE ZEITDRUCK UND BEFEHL

HOFFNUNG MÖBELT AUF DIE KRAFT
WIE EINEN LUFTBALLON
WIRD SIE ENTTÄUSCHT
ZERPLATZT ER SCHNELL
UND TRÄGT NICHTS DAVON
ABER ES KNALLT UND PUFFT
WARUM WUNDERT IHR EUCH DANN

GEBOREN WIRD MAN NOTGEDRUNGEN
DOCH LEBEN MUSS MAN GANZ ALLEIN
DA WIRST DU SO HINEINGEZWUNGEN
UND FÜGST DICH TROTZDEM
RECHT GERNE DREIN

FELSEN KANN MAN AUCH BEWEGEN
ABER WEHE WENN ER ROLLT
DESHALB SINNE VORHER GRÜNDLICH
OB ES DAS WAS DU GEWOLLT

NICHT ALLE BLÜTEN WERDEN FRÜCHTE
DESHALB ERGÖTZ DICH HEUTE DRAN
UND ZIEHE KRAFT AUS JEDEM BLICKE
DER SICH AN IHR ERFREUEN KANN

DAS HUHN LIEBT DAS LICHT
IST HILFLOS IM DUNKEL
ES EIGNET SICH NICHT
FÜR LIEBLICH GEFLUNKEL
DESHALB MACHT DER HAHN
AUCH NICHT LANGE ZECK
ER SPRINGT AUF DIE HENNE
UND HUPS IST ER WEG

FÜRS REISEN MAN SICH VORBEREITET
BEDENKT DAS KLIMA
DU DIE ZEIT
DOCH MEISTENS WIRD DANN
ALLES ANDERS
WEIL NEUES EBEN NEUES HEISST

TAUBENGURREN SPRICHT VON LIEBE
VON DEM TREUSEIN BIS ZUM TOD
DOCH WO TAUBEN SCHON GEBRÜTET
FÜRCHTET MAN DEN DRECK UND KOT

ERKENNTNISSE SAMMELN
IN FREMDEN KULTUREN
ÖFFNET DAS HERZ
FÜR BESCHEIDENHEIT

WAS IST RHYTHMUS OHNE PAUSEN
SEHR ERMÜDEND KEIN GENUSS
SO SOLL ES IM LEBEN BLEIBEN
NIEMALS ÖDER ALLTAGSFLUSS

SINNE MIT LIST
AUF DIE ERFÜLLUNG DEINER LUST
SONST HÄNGT SIE ALS LAST
AUF DEINER SEELE

GEGENWART FÄLLT DIR ZU
VERGANGENHEIT KLEBT WIE BLEI
AN DIR

SEHNSUCHT IST WIE STETER TROPFEN
HÖHLT AUCH HARTGESTEIN
DOCH IST DIE MULDE DANN GEWORDEN
FÄLLT DIE SEHNSUCHT REIN

MANCHES SOLLTEST GLEICH DU TUN
NIE MEHR WÄCHST DIE KRAFT DIE
DIE ZWEIFEL ALL BESIEGT
WELCHE VERNUNFT ERSCHAFFT

SO SELBSTLOS WIE FRAUEN
DEN PFERDEKOPF KÜSSEN
WIRD NICHT MAL VERWÖHNT
DER PARTNER IM KISSEN

VERGEHEN HEISST DAS GELBE BLATT
DAS UNS MAHNT ZU LEBEN
SO ALS WÄRS DER LETZTE TAG
IN ALLEM VORWÄRTSSTREBEN

SPIEL IST DIE ARBEIT DES KINDES
ODER DIE KUNST DES ERWACHSENEN

ES GIBT MENSCHEN DIE SIND
WIE DIE SONNE
ANDERE SIND WIE DER MOND
NUR DAS WECHSELSPIEL DER BEIDEN
UNS VOR VERNICHTUNG
ERST VERSCHONT

PHANTASIE BEFLÜGELT
SCHAFFT STETS NEUES ZIEL
TREIBT VORAN DAS HANDELN
IST WÜRFEL IN DEM SPIEL

WER ES VERMAG

NOTWENDIGEN UMGANG

MIT EIGENEN INTERESSEN

ZU VERBRINGEN

HAT MEHR ALS GELD GEWONNEN

DER BLICK ZU DEN STERNEN

ERWEITERT DEN WINKEL

DAS ERDISCHE WIRD DABEI

GANZ

GANZ

KLEIN

GEDANKEN AUS DEM JAHR 2015

EGOISTEN SCHLEICHEN SICH
VOM SCHLACHTFELD ÜBER LEICHEN
P.S.:
ZU FEIGE
DIE SELBSTBESTIMMUNG
AUCH WIRKLICH FÜR SICH SELBST
ZU ERHANDELN
MANIPULIEREN SIE DIE ANDEREN
UND VERKRÜPPELN SIE SEELISCH
(ANSTIFTUNG ZUR STERBEHILFE)

WER DAS GEFÜHL HAT
FÜR SEINE GEDANKEN
KEINEN ANSPRECHPARTNER ZU HABEN
SOLLTE NACH WEISSEN FLECKEN
IN SEINEM WISSEN MAL GRABEN

SETZT DU SCHRITT FÜR SCHRITT
VOREINANDER
FINDEST DU AM WEG
VIELLEICHT EIN GELÄNDER

LÄSST DU DEN STOLZ
AUF DEINE WEITSICHT MAL RUHEN
KÖNNTEST DU GRÄBEN DES UNWISSENS
IN NAHSICHT AUFSUCHEN

SELBSTBELÜGEN
WIRFT KEINEN SCHATTEN
WEIL NIEMALS LICHT
NACH AUSSEN DRINGT
KANNST ES SELBER NIE ERKENNEN
NUR DEINE WIRKLICHKEIT VERDREHT

WER SPIELZEUG WEGNIMMT
WIRD ZUM FEIND ERKLÄRT

MANCHER ENTTARNT SICH ERST
DURCH SEINE AFFINITÄTEN

BERUF
GEBAREN
WORTE
KLEIDUNG
ALLES KANN ZUM TÄUSCHEN DIENEN
WILLST DAS WESEN DU ERKENNEN
MUSST DU AN DEN ABHANG FÜHREN

GELASSENHEIT ENTSTEHT
AUS DEM SELBSTVERTRAUEN
DES SICH NICHT BELÜGENS

JEDE SELBSTLÜGE JAGT EIN PHANTOM
UND ERSCHÖPFT SICH AN
DER HOFFNUNGSLOSIGKEIT

HOFFNUNG DIE AUS DEM
SELBSTBETRUG ERWÄCHST
IST DAS FALLBEIL
DES SELBSTBEWUSSTSEINS
BZW SELBSTWERTGEFÜHLS

ÜBERTREFFEN TIERKINDER
DIE LIST DER ALTEN
DURCHSTRÖMT DEN BEOBACHTER
HELLE FREUDE
ERFÄHRT ER DASSELBE
IN SEINER GATTUNG
VERWIRFT ER DER KINDER ERZIEHUNG
MIT REUE

„E T" SCHAUT INS ZIMMER!
WAS HAT DENN
EIN TANNENBAUM VERBROCHEN
SO ENTFREMDET SEINER NATÜRLICHEN
FUNKTION
IN EINEM GESCHLOSSENEN RAUM
DEN SEELISCHEN TRAURIGKEITEN
GESELLSCHAFT LEISTEN ZU MÜSSEN

SO WIE GRASHALME
ODER KLEINE STEINE
ODER ERDERHEBUNGEN
EINER SCHILDKRÖTE HELFEN KÖNNEN
WIEDER AUF DIE BEINE ZU KOMMEN
SO MUSS EINE VERZWEIFELTE SEELE
NACH HILFE SUCHEN
DIE WAHRSCHEINLICHKEIT
DASS EINE ZWEITE KOMMT
UM BEIM DREHEN ZU HELFEN
IST SEHR SEHR GERING
ABER MÖGLICH

LIEBE ZEIGT SICH IN IHRER
SELBSTLOSIGKEIT ERST
WENN KEINE GEWINNAKTIE MEHR ZU
ERWARTEN IST

FÜR WIRKLICHKEIT KÖNNEN WIR
NUR DAS SPIEGELBILD
UNSERER SELEKTIVEN
TEILWAHRNEHMUNG HALTEN

AN DER WIRKLICHKEIT SICH ZU
ORIENTIEREN
HEISST EINEM KLEINEN
HORIZONTALABHÄNGIGEN ANTEIL
DIE MACHT EINZURÄUMEN

EINE WAND VOR SICH ERSTARRT
ZU BETRACHTEN
HILFT NICHT
SIE ZU ÜBERWINDEN

REICHTUM AN GEDANKEN
NICHT GLEICH AUSSPRECHEN
WEIL ZU PRÜFEN IST
OB FORMENKREISE
ALTE WUNDNARBEN DES ZUHÖRERS
AUFREISSEN
DABEI MUSS MAN DIE NEERUNG
DER ANDEREN SEELE BEACHTEN

―――――――――――――――――――――――

WER HECHELT
ALS HÄTTE ER WAS VERPASST
LEBT NICHT IM IST
VORSTELLUNG VON WIRKLICHKEIT
IST IMMER FALSCH

WER ZU LANGE ZÖGERT
NACH EINEM NICHT PRALL GEFÜLLTEN
RETTUNGSRING ZU GREIFEN
VERLIERT VIELLEICHT
NOTWENDIGE KRÄFTE
ZUM ÜBERLEBEN

IM LEBEN MÜSSTE
DAS CHAMÄLEONAUGE TRAINIEREN
NICHT RÜCKWÄRTS
SONDERN RINGSHERUM
SICH ZU ORIENTIEREN

AUCH MIT WORTEN KANN MAN
SO LANGE UM DEN KERN DER ABSICHT
SCHLEICHEN
BIS DER HÖRER
SCHON IN ANDEREN SPHÄREN
UND DAS GEGENÜBER
IHN KANN NICHT MEHR ERREICHEN

WER ÜBER FLÜGEL
ALS HILFSMITTEL FÜR SEINE GEDANKEN
VERFÜGT
DARF DAMIT NICHT ENTTÄUSCHT
ÜBER ANDERE
MIT BLEI AN DEN FÜSSEN FLIEGEN

IST DIE SEE AUCH NOCH SO RAUH
KANN MAN DURCHS BULLAUG
ZUM HIMMEL SCHAUN
(SOLANGE DER KAHN SCHWIMMT)

VORHERSAGEN
SIND NIE BEWIESEN
DESHALB IST DER SEHR GUT BERATEN
DER NICHT LAUERT AUF DEN REGEN
SONDERN TROTZDEM GIESST
DEN GARTEN

IDEEN DIE DU MUSST SUCHEN
SIND NOCH KEINE REIFEN FRÜCHTE

SO KLEIN DER SAMEN
AUS EINEM RIESENZAPFEN
SO GROSS IST DAS WUNDER
IN DER NATUR
KANN MAN NUR LANGE GENUG
DARAUF WARTEN
SPRIESST WIEDER EIN BAUM
MIT ZAPFEN EMPOR

ES GIBT KEINE FREIE (FREI) ZEIT
SIE MUSS VERGEHEN
NUR GELEBTE ZEIT
KANN IN MIR BESTEHEN

IM ALTER
WIRD UNVERSCHLEIERT DER BLICK
WEIL KEINE R Ü C K S I C H T E N
VERSPERREN VORAUSSICHT

AM EILIGSTEN VERRENNT DIE ZEIT
IM LEBEN
WENN SEELENVERWANDTE SICH MAL
BEGEGNEN

GIBT ES EINE
EHRLICHERE LIEBESERKLÄRUNG
ALS EINEN LECKENDEN SCHNURRENDEN
KATER OHNE ZU KRALLEN
SPIELEND MIT DEINER HAND

WOLKEN AM FIRMAMENT
KÖNNEN BLICK
AUF INNERES LICHT LENKEN
WER NUR
VON AUSSENBELEUCHTUNG LEBT
STEHT PLÖTZLICH IM DUNKELN

VERGISS NIE
ABER VERGIB IMMER
SONST BESCHWERT DER ZORN
DAS GEHEN NACH VORN

AM SÜSSESTEN IST FALLOBST

REDESCHWALL SOLL ÜBERDECKEN
WAS WIR DIFFUSES WOLLEN
VERSTECKEN

SCHWEIGEND SICH
LAUT AUSZUTAUSCHEN
IST DAS HÖCHSTE ZIEL IM MITEINANDER

MIT TIEREN GELINGT ES LEICHTER
ALS MIT „SPRECHENDEN" ARTGENOSSEN

SPRECHPAUSEN IM MITEINANDER
DURCHWANDERN ERST INNERES BEBEN
DANN SINNEND GENIESSEN
WEHMÜTIGES ERINNERN
DIALOG SCHLIESSEN

Hertaldis Offermann
bis zum 15.5.2016

AUCH UM DIE ECKE DENKEN
IST ERWÜNSCHT